봄이 슬픈 이유

모아드림 기획시선 099

봄이 슬픈 이유

이오례 시집

모아드림

모아드림 기획시선 99

봄이 슬픈 이유

이오례 시집

모아드림

■ 自序

도심 속 솟아오른 섬 꼭대기에서 한 척의 고깃배를 기다리는 주인은 짠물에 절여진 생각들을 하나 둘, 몇 년에 걸쳐 건져 올렸을까?

수많은 생각들이 시간 위에 모아지면, 수줍은 언어들을 백지 위에 두서없이 적어 두었던 부족하고 부끄러운 첫 시집을 조심스럽게 내밉니다.

시심의 길로 걷게 해 주신 나의 스승 홍금자 선생님, 그리고 기꺼이 서문을 써 주신 황금찬 선생님, 좋은 작품을 쓸 수 있도록 지도해 주시고 시평을 써 주신 김유선 교수님께 머리 숙여 감사를 드립니다.

사랑하는 두 아들과 묵묵히 격려해 주고 시심의 길로 걸어 갈수 있도록 도와준 나의 남편에게 고마움을 전합니다.

2007년 1월

이오례

■ 시집 머리에

이오례 시인이 첫 시집을 구름에 싣는다.

낯설은 하늘밑 누구도 열어놓지 않은 그 벌판에 풀과 나무 씨를 뿌리는 마음이다. 이 씨들이 대지를 열고자 구름의 날개까지 솟아오를 수 있을까?

이 마음은 첫 시집을 묶어 구름에 날리는 시인의 심정이다. 이오례 시인의 시심은 심산 큰 바위 밑에서 솟는 샘의 한 줄기 같다.

> 시는
> 샘물이라
> 새도 꽃도
> 구름도
> 사랑한다.
> 별들의 시에서

(작가 미상)

이오례 시인의 시는 여기에 올린 시구에서 호흡을 같이 한다. 이오례 시인이 내게 시집 서문을 부탁해 왔다. 나는 그 부탁을 따뜻한 손으로 가을 나뭇잎을 받듯 받아 시편을 내가

정한 수정 저울로 그 품위와 무게를 더듬어 보았다.

그날
시골 밭머리를 지나다
어머님의 진한 눈물이 묻어나는
슬픈 감자꽃을 보았다.

—「감자꽃」

이 시는 4연 15행으로 이루어진 시다. 그중 4행을 여기에 보인 것이다.

내가 잡고 있는 붓대가 울고 있다.

시인은 시를 쓰기 전에 시가 돼야 한다는 말이 있다.

시인이 시를 쓰는 것이 아니고 시가 시를 쓴다는 말이다.

이오례 시인은 그리 멀지 않은 앞날에 시가 시를 쓰는 날이 오리라 믿는다.

물에 요정이런가
"그 모습 애타게 그리워라"

애드거 앨런 포의 「헬렌에게」란 시의 한 구절이다.

포우는 사랑과 슬픔의 시인이다. 시인이 어떤 세계에다 시의 뿌리를 두고 있는가는 반드시 찾아 내일을 보듯 그렇게 보아야 한다. 여기에서 독자와 시인의 사랑이 시작되는 것이다. 이오례 시인이 구름에 날리는 풀잎 같은 시의 샘이 독자들의 마음을 행복하게 하리라고 믿는다.

2007년 새해

회운재에서 황금찬

차 례

제2부 봄, 여름, 가을, 겨울

제3부 자화상

제4부 초대장

제1부
어머니의 항아리

어머니의 항아리

살아온 날의 흔적을
고스란히 등걸에 짊어진
이미 오래전
뒤안길에 묻은
어머니의 항아리가 있었습니다

생쥐처럼 수없이 들락거리며
그 속을 갉아먹었던
가닥가닥 죄스러움이 지금도
금간 당신의 빈 항아리 앞에
부끄럽게 서 있습니다

금방이라도 깨어질 것 같은
푸석한 빈 항아리의 아픈 소리, 소리,
당신의 멍든 세월 보듬고 감싸 안으면
야윈 허리만 만져집니다

진록의 빛깔을 욕심껏 풀어내는
오월 앞에 서 있는 자신이
왜 이리 죄스럽고 부끄러운지요 어머니.

황금잉어 빵

바람은 낙엽을 쓸고 간다

전철역 네거리 신호등 옆
30대 후반의 젊은 부부는 포장마차 추녀 끝에
'황금잉어빵 방송국 방영'
빨간 글씨를 내걸고
잉어들을 구워내고 있다

막 구워 나온 잉어들은 죽은 채 옆으로 누워
바람이 쳐들어오는 포장마차 문 밖을 서성이는
중년의 여자를 기다리고 있다

배가 볼록한 놈을 잡아들고 입속에 넣는 순간
잉어의 살갗은 어머니의 뱃살처럼 쪼그라들었다
어머니, 당신의 세월도 그렇게 서서히 뜯겨져 갔겠지요
할미꽃이 피어 있는 풀섶 길로 왜 자꾸만 가려 하는지요

피워내고 헐벗은 당신의 몸도 이제는
등나무가 되고 헐렁한 잉어빵 살갗처럼
그 고통이 진하게 전율되어 오는데
세월은 중년의 여인을 자꾸만 끌고 간다.

감자꽃

밭이랑에 온통
어머니의 힘든 세월이
보라 꽃으로 피어 있다

가슴에 주렁주렁
분신을 매달고 살아온
아픈 세월,
흙 위로 눈물이 스며들라치면
목마르게 피어나는 꽃이 있다

석양이 내려오는 시장기 도는 날
어머니의 허기진 시간은
감자밭에 뚝, 뚝, 떨어지고

그날,
시골 밭머리를 지나다
어머니의 진한 눈물이 묻어나는
아리디아린 슬픈 감자꽃을 보았다.

호박 밭을 지나다

측백나무 휘휘 두른
호박 넝쿨을 올려다보았다

노란 꽃잎에 꿀벌이 날아와
할머니와 손자처럼
벌들의 투정을 끌어안고 있다

진한 모성애를 느끼듯
가을 밭머리엔
할머니의 분신처럼
호박이 둥글둥글 앉아 있다
칭얼대는 허기진 소리만 들린다

호박의 탯줄을 할머니는
뚝, 뚝, 자른다
목구멍이 포도청이여!
잎 하나, 씨 한 알, 버릴 게 없다는
쓸모 있는 존재라며 그녀는
구부러진 밭두렁에 당당하게 서 있다.

그 집엔

한참 숨 고르고 있는
마을버스 한 대가
차선 없는 콘크리트 바닥에 반쯤 엎드려
오르막길을 힘들게 올라가고 있다

돌계단 위로 보이는 지붕 위엔
널빤지 닥지닥지 붙어 있는
못 자국의 눈물 위에
차운 바람이 배회하는 날
문지방에 웅크리고 앉은 낡은 기침소리 위로
결 무늬 햇빛이
풀포기가 듬성듬성한 빈집 같은
마당 귀퉁이에 가만가만 앉는다

5년 전 소식이 끊긴 아들
어느 한 순간도 놓아버릴 수 없는 기다림
봄부터 피어난 민들레가 모여 있는
마당 끝으로 노을은 내려오고

그 위로 할머니의 시선이 뚝, 뚝, 떨어지고 있다

양철대문 덜컥이는 소리에 가슴은 조여오고
주소 들고 찾아오는 발자국 소리 귀 기울이는 그 집엔
할머니의 힘없는 고개가 아프다.

물왕리에 가면

물과 나무 사이사이
산 그림자 비치는
물왕리* 저수지 둑길에
크고 작은 간판들이
사람들을 바쁘게 기다리고 있다

청기와 집 추녀 아래
'고향집 보리밥' 이라는 글씨가
인심 좋게 반기는데

야윈 몸 담 벽 붙잡고
마당 끝 담쟁이는
연두빛으로 기척을 한다

지금, 쉼없이 사람들은
가난을 회상하는 뒤란길에
어머니 숨소리 들리는
유년의 발자국을 따라

종일 넘나들고
고향집 추녀 밑에 오늘은
따순 봄볕이 쉬고 있다.

*물왕리 저수지: 경기도 시흥에 있음. '물왕' 은 물과 나무 사이 라는 뜻.

빈 들

석양은 서둘러
저문 길로 걸어간다

잠이 오지 않는
어둠 저 너머
바람은 긴 숨을
빈들에 쏟아놓고 가면

밤 내
눈 속을 뒤척이다 잠든
바삭한 풀잎

가을날
다 내어 주고도
허허로운 마음이거나
외로움을 느끼지 않는다

따순 빛 내리면

여린 생명 실눈만큼 열고
사랑으로 숨 쉴
어머니 가슴 같은 빈 들.

봄이 슬픈 이유

툇마루 끝
할머니 야윈 손엔
다 닳은 숟가락 하나
아린 감자 등을 벗긴다

밭이랑에 냉이, 그리고
보리 순을 뜯어
아버지 밥상 위에 올리고
보리 익을 때를 기다린다

그해 봄,
할머니는
해가 산등성을 넘을 때
노을을 따라가 영원히 돌아오지 못했다

봄이 오는 마을
토방 집 늙은 마루에
가난한 할머니의 아픔이
언덕을 넘는 봄볕에 슬프다.

기러기 아빠

빈 들 끄트머리
몇 가닥 바삭한
손끝 놓아버린 이삭이
바람 안고 뒹군다

마른 둑
겨울로 가는 바람은
갈대 긴 목 사이로
송송 휘감아 돌고
퇴색된 들풀도 잠시
휴식에 들어갔다

야트막한 언덕
나목裸木 끝에
새 한 마리 날아와
주소 없는 빈집을 지킨다

옆집으로 오늘

세 들어 이사 온 기러기 아빠
단칸방에 둥지를 틀었다

무거운 날개의 중량
훨훨 날지 못해 깃털 속으로 눈물이 고였다

덩그라니 빈 둥지만 지키고 있을 뿐
한 달 두 달 그리고 2년……

새벽 2시

어둠은 산을 업고 내려와
가난한 마당에 둘러앉았다

슬픈 밤을 가둔 채
아버지의 베개 밑엔
예고된 얼룩으로
짙게 번져 갔다

시계 초침처럼 빨라지는 심장
거북이처럼 느리게 뛰는 맥박
오랜 시간 간암이란 굴레 속에
마른 몸 밤 내 뒤척이다
암흑 속을 숨 가쁘게 넘나드는데

새벽 2시는 그렇게
낡은 기침 소리와 함께
아버지의 눈물을 삼키고 간
슬픈 별리.

가오리연

연줄을 허공에 세운 아이는
하늘을 향해 오르고 싶었으리라
예정 없는 시간들
가오리 등에 매달려 어지럼증 느끼는데

죽순처럼 앞 다투어 돋아 난
키 큰 건물들을 내려다보며
높이 더 멀리 허공에 이정표를 따라
창호지에 바짝 달라붙은 가오리는
대나무 허릿살 붙든 채, 놓고 싶지 않은 숨소리
두려움 없는 또 다른 세상으로 넘나들고 있다

산은 해를 업고 외출하는데
얼레든 철모르는 손등
시리도록 바라보는 아버지의 눈은
일렁이는 노을을 향해 매듭진 삶
연자새에 물린 시간들을 가만가만 풀어 놓는다.

그곳에 가면

논 언저리 지나
들찔레 피어 있는
굽은 길 걷다 보면
아버지의 체취가 묻어나는
배고팠던 바람이
언덕을 넘고 있다

논이랑에 당신의 온기가
주인 없이 슬프게
일렁이고 있는데

들새 한 마리
곁눈질할 틈 없이
모이를 삼키려다
발소리에 놀라
저쪽에 서 있는 미루나무 위로
얼른 몸을 숨긴다

햇볕은 쉼 없이 내려오고
들녘 푸르른 날
그곳에 가면
훠이 훠이 당신의 목소리
가까이서 듣는다.

전철 안에서

전철 문이 열린다
곧추세운 자세들로 등을 맞대고 또는 옆줄로
제각기 다른 색깔로 또는 다른 모양으로
숨 가쁘게 시간 위에 서 있는데 느닷없이
애절한 하모니카 소리가 걸어온다

청각으로 그리고 촉각으로
더디 걸어오는 50대 후반의 부부
그녀의 등허리를 꼭 붙든 채
숨소리 틈새로 조심조심 뒤따라오는 남자
빨간 바구니에 동그랑, 또, 댕그랑
슬픔이 떨어지는 소리
더듬더듬 동전 줍는 손등이 슬프다

지독한 어둠이 그녀의 발 아래 고인다
하모니카 음표를 밟으며 부부는 그렇게 또,
더디게, 더디게 어둠을 줍고 있다.

구두를 수선하는 남자

느티나무 한 그루가 그늘을 빌려준 자리에
반 평도 채 되지 않는 공간에서 남자는
숨을 고르며 힘든 삶을 꿰매고 있다

머리를 둘둘 말아 올린 중년의 여자가
지친 구두 한 켤레를 내민다

옆구리가 뜯겨지고 굽이 닳을 대로 닳은
거친 파도 위에 한 척의 고깃배처럼
기우뚱거리는 구두를 받아든 남자는
주인의 직업을 점치는 듯 했다

가난한 주인을 위로하듯
세월에 지쳐 마음 저미었을
생기 없는 구두는 지금 휴식 중.

노점상 풍경

새벽이 열린다

무거운 짐 한 겹씩
진열대 위에 내려놓고
층층이 쌓인 무게를 지우는 일은
오직 세월뿐이라고,

노점 가판 위엔 지금
나물을 다듬어 파는 할머니도
눈을 떴다 감았다 한다는 생태도
함지박 속에서 꿈틀거리는 산낙지도
생선 파는 아저씨의 목소리도
편안한 고향 같은 휴식이 그리워서일까
삶을 미워하기라도 하듯 표정들이
노점상 모퉁이마다 심상치가 않다.

사오정의 하루

살갗을 타고 내려오는 땀방울도 이제는
닦아낼 수 없는 사내의 무거운 시간들이
가슴을 짓누르며 심장 속까지 번져가고 있다

예고 없이 상가 부동산을 드나들며
몇 달째 눈도장 찍는 남자
외줄에 서 있는 곡예사처럼
풀잎 끝에 매달린 이슬의 슬픔인 양
한 남자의 꽁꽁 묶여진 마음의 쇠사슬은
언제쯤 풀려질 것인가
술잔을 만지작거리며 주문을 외우고 있다

가슴은 잿더미 되어 시간 위에 쌓이는데
엉킨 사슬은 좀처럼
풀려질 기미는 보이지 않고
답답한 사오정의 더딘 혀끝은
더듬더듬 주문을 계속 하고 있다.

겨울새

겨울새가 운다

발자국 소리에 시간을 점치고
그 숫자를 세는 한 남자가
퀴퀴한 담요 한 장에 몸을 지탱하며
지하도 계단 아래 웅크리고 앉아 있다

사람들이 우르르 드나들고 나면
냉기만이 가득 찬 한 줄기 빛도
끝내 들지 않는 곳
휑하니 슬픈 눈만 껌벅이고 있다

달음질쳤던 지난날의 삶이
시간의 중량만큼 뿌연 먼지만
지하도에 쌓여 가는데

그 남자의 무거운 옷은
언제쯤 벗겨질 것인가

소용돌이치는 매운 바람만이 한바탕
비수처럼 가슴에 꽂히고 가면
겨울새는 속으로 또, 그렇게 운다

그는, 이상理想을 꿈꾸는 것일까.

제2부
봄, 여름, 가을, 겨울

가을 속의 긴 의자

낙엽이 길 위에 눕는다

등나무 틈새
긴 의자 위
베이지색 넥타이가
거리에 슬퍼 보이는 사람
상념에 가득 찬 얼굴로
웅크리고 앉아 있다

잎새 흔들리는 나무 아래
고개 떨군 채
옷섶에 고단한 흔적을 말리고 있다

강물보다 더 파랗게 멍든
슬픈 하루
차가운 바람은
여민 옷깃 사이로 송송 휘감아 돌고
벼랑 끝으로 등 떠밀리듯

균형 잃은 삶
독한 술잔에 아픔을 쏟아 붓는다

일상의 고뇌
수없이 부딪는 마음의 반란
알겠다,
가슴 저미어 오는
무거운 저 고통을.

개미들의 생존법에 대한 관찰

하늘 끄트머리께로 구름은 서서히
그림을 그릴 채비를 하고 있다

등나무 꽃송이가 거꾸로 매달려
진한 향기를 숨 가쁘게 토해내는데
여덟이란 숫자를 등에 새긴 개미들이
등나무 아래로 우르르 걸어오고 있다

꽃그늘 아래로 몰려든 개미들은
바쁘게 미팅이 이루어지는데
세상이 온통 거꾸로 보이는 등나무 꽃이
개미 등에 툭, 떨어진다

기다렸다는 듯 쏜살같이 생존하기 위한 독백으로
자신과의 끈질긴 집념을 향해
풀섶을 뚫고 줄 지어 간다

술 취한 중년의 남자가
팔자 탓을 하며 휘청 휘청
개미의 숫자를 세고 있다 팔, 팔, 팔,

여름으로 가는 길

베란다 창문으로 들어오는 라일락 유혹에
잠시도 견딜 수 없어 현관문을 나섰다

발걸음이 북적이는 신호등 건너편 쪽으로
시선은 기웃거리는데

쇼윈도 속에 패션 코디를 한
마네킹의 날씬한 몸엔
신상품 타이틀을 내 건 옷이 입혀져
도도하게 그리고 당당하게 가슴을 내밀고
사람들을 유혹하고 있다

봄은 꽃잎 떨군 길 비켜 가며
초록의 길로 서서히 걸어가고 있다.

은행나무

가슴앓이로만 그저
도로변에 우직하게 서서 운다

부르튼 가지 끝 틈새로
사랑을 매달고 싶어
마주선 그리움을 애타게 담아두며
허공을 향해 쏟은 눈물이 사랑인 줄 알았다

바람이 잎새를 문지르고 가면
가지 끝에 매달린 은행나무 분신들이
길 위에 투두둑,
한 남자가 지나가다 은행 알을 밟았다
여름이 만들어 낸 지독한 외로움이
한꺼번에 와르르 쏟아진다 이 가을에.

을유년乙酉年을 보내며

무거운 시간은 이제
조심조심 뒷걸음질치며
서서히 저물고 있다

버팀목에 매달린 현실은 끝내
떨구어 내야 하는지
그 이유는 아무도 모른다

마주만 보아도 마음이 아린
나목裸木의 슬픔처럼
깊은 상처도 이제는
왔던 길로 되돌려 보내야 할
흔적으로 남을지 모를 공허함

피워 보지 못한 찬란한
절름거리는 현실은 끝내
긍적으로 아니면 부정으로

역사의 한 페이지 위에 남을 것인가

노을 속으로 자꾸만
의문만 더해 가는 줄기세포
그 아픔의 을유년乙酉年은
지금, 소란스럽게 타들고 있다.

장미

시멘트 담벽을
조심조심 기어오른다

숨차도록 가슴 여민
정상 그쯤에 벽 붙잡고
긴 손을 휘휘 저으며
흘림체 걸음으로 걸어온 그녀
지친 담장 위에 걸터앉았다

119 한 대가 울면서 지나간다
사람 살려요
수혈이 필요해요
여인의 목소리가 급하게 땅으로 떨어진다

그녀의 수혈로 오월은
사방이 흥건하다.

담쟁이넝쿨

벽의 가슴을 꼭 붙든 채
조심스럽게 오르는
서두름 없는 시간

금 간 담 벽 한 켠은
아직도 보수 중
알몸인 그대를
진록의 하트 잎으로
덮어 드리지요

지금은 어떤가요
두근두근 음표처럼 매달린 푸른 잎.

소나무 명상

바람에
곧추 세운 솔잎
두 팔로 껴안으면
손끝과 손끝이 닿지 않은
무게만큼 갈라진
소나무 등걸

저기 하늘 향한
추켜 올린 가지 위
초록 머리 풀어 놓았다

허리춤 힘든 세월
보듬고 살았을
나이테 휘휘 두르고
솔숲에 서 있으면

봄이 찾아 와
늙어가는 시간 위에
나이테 한 줄 또, 그려 놓고 간다.

가시연

혼탁한 수면 위로
반쯤 몸을 드러낸
도도히 서 있는 여인이 있다

아픔 밀어 내며
오랜 인내 가슴 저미었을
물고기들의 힘든 산란기처럼
작은 연못 붙잡고
몇 날을 그렇게 앓았을 것이다

낮달이 잿빛 속으로 숨고
가시 옷 겹겹이 두른
물위에 잠잠히 떠 있는
슬픈 꽃잎, 고독한 가시연이여!

꽃 그림자 비추는 날
너를 만나러 갈
채비를 서둘러야겠다.

망초꽃

달리는 철길 가장자리마다
무리 지어 서 있는 이름이 있다

웃음 반 울음 반으로
바람에게 전하는 아픈 몸짓,
아무렇게나 눈물 꽃이 무더기로 피어 있다

타국서 달아 준 이름 하나
풀섶 길에 제멋대로 우는 망초꽃

닦아지지 않는 너의 이름 위로
뭉텅뭉텅 눈물이 쏟아져 내린다.

감꽃을 보며

탱자나무 울타리에
뻐꾹새 울음이 걸터앉았다

그늘을 만들어준 감나무 아래
감꽃이 툭 툭 떨어지면
실로 꿰인 꽃 구슬
목덜미 사이로 휘휘 두른다

떫은 나이테 속에
가난한 울음은 꽃이 되고 허공에서
감꽃이 꽃눈처럼 내려오는 날
유년의 그리움을 쏟아내는
아홉 살의 계집애가 그곳에 서 있다.

난蘭 앞에서

몇 날을 앓았을까
밤 내 속으로 울었을……

만약 그대를 위해
눈물로 아파해야 한다면
향기로 떨어지는 한 잎,
가슴으로 담아 낼 수 있는
너그러운 마음으로
그 사랑 엮어 가고 싶습니다

만삭의 봄 산밭에 토해 내는 날

고고한 자태로 피워 올린
푸르른 이파리 속에 드러낸
청초한 그대를
서둘러 만나고 싶습니다

몇 잎은 초승달, 몇 잎은 행복,
그리고 몇 잎은 사랑,
그 체취에 발목 잡힌 당신은 뉘신지요.

풍란 앞에서

밤 내
청초한 몸
수석 위에 앉았다

감춰둔 사랑 하나
고이 접어둔
감내음 풍기는 아침이 오면
마음은 이미
너에게로 가 있다

어루만지는
나비 같은 손길이
너로 하여
사랑을 하는 일보다
사랑을 주는 일이
더 힘든
그리움 물들게 하는 시간

오랜 아픔 감내한
꽃 피움이
하늘을 가린
구름 한 폭 걷히듯

길 잃은 바람이
열어놓은 창가에
조심스레 찾아와
사색에 잠기어 나란히 서 있다.

얼레지의 노래

이끼 꽃 돌단풍 거기에
낮달은
작은 둠벙 위로 내려와 앉았다

이파리 위로 바람은
서투른 언어로 시를 쓰고
새는 종일
가슴만 달구다가
그리움의 집을 짓는다

쪽빛 풀보다 더 진한
침묵으로 피어나는
슬픈 얼레지

그늘 내린 숲
감추기 힘든 무게 뒤로
비켜 앉은 기다림의 숨결

새와 솔잎바람 그리고
햇빛이 놀다간 자리에
저녁이 오면 그리움 숨어든
화야산 얼레지.

동백꽃

가슴앓이는
붉은 심장 속까지
서서히 타들고 있다

꽃그늘 짙어져
예사롭지 않은 날
순수로 돌아가
사랑을 고백하고 싶었을 게다

꽃문 여러 날 열어 두고
사랑을 꿈꾸는 너는
서서히 앓다가 독백으로
송이송이 떨어져도
결코 추한 모습이 아닌
붉은 자존심으로 피어난 동백꽃

너의 문 밖에 서서
그리움으로 다가서고 싶다.

여뀌꽃의 노래

도랑가 무리지어 피어 있는 꽃

감추지 않아도 외로움이
사방으로 흩어졌다 모여들고
바람만 불어도
힘겨운 몸 줄기에
대롱대롱 매달린 꽃망울은
흥건한 눈물 되어 속으로 운다

보는 이 없어도 피우고 싶은
여뀌꽃의 노래
흐르는 물살에 풀뿌리는
절망 끝에서
수없이 몸살을 앓았다

습한 곳 어디라도
힘든 세월 더듬거리며
내일이면 또, 피워 올릴
칠월의 여뀌꽃.

가로수 나무

외로움이 종일 마주보고 서 있다

이른 봄 너는
푸른 잎으로 꿈꾸며
몸을 숨긴 생명
여름 내내 힘겨운 고통이었으리

허락 없이 잘려진 가지 끝
진한 눈물이 고여 있을
너는 또 한 번
아픔을 안고 살아가야만 하겠구나

간밤에
나무 틈새로
갈바람 머물고 간 자리엔
잎들은 어느새 계절을 닮아가고
뭉텅뭉텅 잘려진 너는
슬픔으로 그리움으로.

나목裸木

어디에라도 좋다

사랑으로 이어진
고운 잎들
제각기 다른 모양으로
떨어지는 그리움 뒤엔
살갗으로 바람 스미고
잎새 하나 남지 않은
나목裸木은
슬프다고 울지 않는다

가슴까지 쓸쓸해 보이지만
누굴 그리워서가 아니다

굳게 닫힌 껍질 속엔
또, 다른 생명이 숨쉬고
세모, 네모, 동그라미를 닮은
신비로운 그림을 그리고 있다.

제3부
자화상

봄을 기다리며

마른 풀은
맨몸으로 길섶에 눕는다

새벽이 열리면
햇살을 움켜잡고 일어나는
겨울 속의 생명들이
반쯤 문을 열고
가늘게 떨고 있다

따순 빛 내려오는
덤불 속 여린 잎들의
힘겨운 반란

논이랑 위에
발 시린 겨울 새
손끝 놓아버린 지난 계절
이삭들의 빈 껍질만 콕콕 쪼으며
시간의 체온만을 기다리는 슬픈 눈.

봄날에

겨울을 넘어온 바람이
마른풀을 서서히 눕힌다

묵은 풀 허리 붙잡고
산고의 통증에 부대끼는 봄은
푸른 탯줄 사방에 쏟아 놓았다

계절의 모태 속에서 지금
꿈틀거리는 새 생명은
봄의 문턱 너머로 외출을 서두르는데

이쪽 목련 나무 등걸에서
여인의 숨소리가 하얗다.

아름다운 날

눈이 부셔라
저기 밤꽃 물결
초록 잎에 일렁인다

화정 마을 산 아래
굴다리 지나 양 길가
비스듬히 누웠다 일어나는
풀길을 따라 나선다

지금 밭이랑은
포도알 잉태하는 사랑을 끌어안고
줄기줄기 매달린 생각들이
서로의 안부를 묻는다

푸른 몸 드러낸 넝쿨 틈으로
포도살 감싸주는
여인의 목덜미 사이로
이글대는 태양은
소금기 섞인 물방울 되어
조심스레 젖가슴을 타고 내린다.

4월에 내리는 눈

바람은 쏜살같이 달려와

벚꽃을 흔들어 깨우면

사월은 첫눈 되어

그리움으로 쏟아지고 있다.

가을에 쓰는 편지

깊은 호수가 하늘에 있다

구름은 호수 끝자락에
은빛 머리 반쯤 적시고
서서히 말리고 있는데
하늘이 하도 맑아 오늘은
눈 시리도록 올려다보았다

그 아래
퇴색되어 가는 잎새
잔잔히 부는 바람에도
가늠하지 못하고
침묵으로 떨어지는 슬픔,

시간의 무게에 견디지 못하고
그 흔적 고스란히 풍경 위에
또 다른 생각을 담아
독백으로 촘촘히 편지를 쓴다.

낙엽의 반란

낙엽이 누워 있는 길은
차마 걸어갈 수가 없다

낙엽 위에 또 다른 낙엽이
자꾸만 떨어져 내리는
슬픔 뒤척이는 소리, 소리,

부츠 속의 발바닥은
너와 만남이 너무 미안스럽다

새 생명을 위해 여러 날
힘든 무게만큼
제 몸 떨구어 내야만 했던
고단한 시간들

향기도 형체도 슬픈 너는
또 다른 신호등을 기다리는
계절에 매달린 쓸쓸한 반란.

가을비

가을비는 혼자 운다

빗물은 떠밀려
먼 시간의 방랑
어디론가 자꾸만 가고 있다

하얀 마을 변두리 길
은행잎 사이 속에
잠시 멈추었다 다시
노랑잎 위로 눈물을 쏟아 놓는다

잎새의 살 밖으로
고뇌의 아픔이 들어오면
계절의 문 밖에 밀어내는 빗물
강물과 만나는 날 가을비는
물보라 꽃으로 피어난다.

가을은

가을은
사랑의 열병을 앓듯
몇 날을 그렇게 앓았을 것이다

바람 불면
갈망하는 사춘기처럼
가늠하지 못하고
일렁이며 흔들렸던 시간

지금은
조심스럽게 철들어 가고
소리 없이 계절 끝 목에
모든 걸 내어 주어도 쓸쓸하지 않는
너그러운 비움 앞에
잉태하며 피워 올린 가을꽃도 이제는

된서리 서걱서걱 계절을 넘고 있다.

12월에 내리는 눈

가난한 시간 위에 지금
사락사락 눈이 쌓인다

허공을 갈망하다
그대, 기다리는 창문 앞에
야윈 마음 가만가만 내려놓는다

꽃눈은 금세
정원에 가득 피어나고
주소 들고 찾아오는
유년의 그리움

문 밖 뜨락에서
오늘은 너를 만나
꽃눈으로 피어나고 싶다

열두 달 그리움 넘나드는
따뜻한 집이고 싶다.

가을은 가슴으로 온다

가슴으로 온다, 가을은
들국화 눈으로 오지만
가을은 텅 빈 가슴으로 온다

여름이 만들어낸 그리움도
가을은 노을처럼 아프게 타고 있다

밤 내 맨살로 앓던 잎들은
더디게 편지를 쓰는데

바람은 살갗을 더듬거리고
가을은 깊숙이 울컥울컥 들어온다.

가을의 노래

그리움 불러 모은다

첫사랑 입맞춤
붉어진 볼 위에
저마다의 빛깔로
열병을 앓는다

소리 나지 않는 신음
가을 산에
선혈을 토해 내며
한참을 서성인다

된서리 서걱이며
토란잎에 내려앉고
가을 끝 목 저쪽, 하얀 억새꽃
들국화 슬픈 목 사이로
자리를 비워야 할
차가운 바람이 찾아 들었다

살갗의 껍질을 여미고
산모퉁이 저쪽으로
홀연히 걸어가고 있다.

여름밤에

하늘 저편의 별은
금빛 꽃가루처럼
침묵으로 쏟아지고 있다

풀벌레 요란한 여름밤
시골집 흙담, 꽃잎이 떨어지면
봉숭아의 아린 먼 유년을 불러내며
한 잎 한 잎 손톱 위에 올려놓는다

진홍의 속살은
밤내, 가슴 뛰며 수런거리고

멍석 위 저녁별은
설잠으로 뒤척이는 나를
쑥 연기로 흔들어 깨우는 모깃불
매콤한 여름밤이 보고 싶다.

자화상

야위어 가는 시간 앞에
가만가만 우물을 들여다본다

까만 그림자만 소스라치게
일그러졌다 펴졌다 그렇게 수없이
얼비치며 종일,
혼돈된 마음을 헹구어내며

천천히 내려갔다 올라오는 동안
두레박 끝에서 방울방울
언어의 눈물이 매달려 있다

시심의 우물 속엔
언어의 생명이 꿈틀거리며
긴긴 잠에서 깨어나
두레박을 타고
조심조심 올라오고 있다.

산사에서

숲은, 보문사 앞마당에
조용히 내려와 앉았다

가슴에 겹겹이 포갠 짐
무겁게 살아온
칡넝쿨보다 질긴 세월의 중량을
비움 앞에 내려놓았다

가파른 고요 속에 산도라지 피어 있는
눈썹 바위 앞에 삶의 껍질을 벗기듯
시간의 문은 서서히 열려지고
염원 위에 올려놓은 생각들

저기 저 가여운 새는
날마다 산사 앞마당에 날아와
밤이 깨어날 때까지
발자국 조심조심 보문사에 머문다.

시를 쓰는 밤 1

빗물 위에 시를 쓴다

하늘 끄트머리 돌아
구름문 열면
이정표 없는 길

빗줄기는
바람에 흔들리며
이슬 방울 모여 있는
토란잎에 내려와 앉는다

수없이 부딪는 시간
산 그림자 퍼런 강물처럼
연보라 감자꽃 아린
슬픈 눈물 쏟아 놓는다

침묵하는 가슴 위로 시인은
어둠 밑으로 뿌리내리는 나무처럼

고독한 백지 위에 진한 언어로
빗물 위에 시를 쓴다.

건망증

향기도 없는 것이
취하게 한다는 것은
참으로 슬픈 일이다

무게도 없는 것이
형체도 보이지 않는 것이
마음을 훔치려는 것은
감당하기 힘든 두려움이다

현관문을 잠그고
엘리베이터에 발을 내딛는 순간
사정없이 흔들리는 뇌신경
무단 횡단 길에 서 있는 듯 아찔하다

무엇에 쫓기듯
불안한 마음
13층 번호를 꾹꾹 누른다

잠긴 문은 힘없이 열리고
자아를 잃은 문 밖엔
노을빛이 슬프다.

마음속의 빛

시선으로 보여 주는
어떤 색이 있다면
빛바랜 색으로
남지 않을까 모르겠다

보이지 않는 무채색은
마음속에서만 빛이 나고
그 속엔 우물 하나 있는데
허락 없이 들여다보려고
발꿈치를 치켜 올린다

우물은 하도 깊어
누구도 볼 수 없고 빛이 담긴
주인만 볼 수 있다

진한 빛도 아닌
강한 향내도 아닌
오래 묵어도 그대로
무채색의 빛이고 싶다.

고독한 백설공주

배 부른 바위 아랫도리에
물기 섞인 푸른 바지를
천천히 입고 있는 이끼가 그곳에 있다

자귀나무 끝 잎에 매달린 바위살 위로
가늠하지 못한 서러운 이슬은
공주의 이마 위로 톡, 톡, 떨어지는데
언어의 잠에서 깨어난 그녀는
난쟁이가 건네준 도토리 떫은 맛을
서서히 행구고 있다

자귀나무 숲, 목이 아픈
통증의 시간을 감추려는
언어의 마술에 걸린 그녀의 입술 위로
그 이유를 천천히 끄집어내고 있다.

제4부
초대장

빗물 위에 그림

하늘은 서서히
신음으로 이어지는
통증을 느끼며 한참 동안
울음을 밀어내고 있다

가늘게 때론 굵게
또 다른 원을 그리며
삶의 음표들을 담아내는
아픔으로 또는 헝클어지듯
그림을 그리고 있다

거센 물줄기 따라 출렁이는
반쯤 몸을 담근 바위에
빗물은 매달려 조율하는데

미림산장 앞마당 저쪽
서너 평 남짓한 텃밭에
모양이 다른 콩 이파리 위로

고독한 풍경을 연출하는
제 속을 토해내는
무채색의 빗물
그 속에 나를 담아내는
그림을 그리고 싶다.

한계령 연가

구름은 산허리 내려 와
머리를 말리고 서 있다

이슬로 촉촉이 감아
빗어 내리고
신비로운 바위 끝에
물기를 털어 내며
서서히 풀어 헤친다

까칠한 바위를 움켜잡고
일어서는
손끝 놓으면 스러질 듯한
아슬히도 피어난 목숨들이
금간 바위틈에 매달려
숨을 고르고 있다

비바람에 흔들리고
천둥이 요동을 치는

고뇌의 거기서
골짜기 위로 비켜 앉아
생명은 피어오르고
계곡의 맥박 뛰는 소리는
한계령을 숨 가쁘게 넘나들고 있다.

잠자리의 하루

콩 이파리 무성한
들밭 길 따라
해바라기 입술 위로
앉을까 말까
톡, 톡, 간지럼 핀다.

차마 앉지 못하고
주위만 맴돌다가 다시
토방 집 앞마당을 돌아
가난한 마루 끝에 앉는다

해질 녘 날개 속
고이 접어둔 고단한 하루
촉촉한 풀섶에 감춰 두고 내일은
어느 강가 흔들리지 않는 풀잎 의자에
조용히 날아가 앉을까.

묘비 없는 이름

꽃들이 수없이 피고 진 숲 속에
비와 천둥이 요동을 치며 댕겨 갔다

누운 풀들이 사방으로 엉기어
슬프게 뒹구는 자리엔
역사가 꿈틀거리며 일어서고 있었다

풀잎으로 그리고 흙으로
바람과 번개를 막았을지도 모를
뼈 속까지 부서져 내린 세월
묘비 없는 싸늘한 무덤
슬프게 잠들어 있다

깊게 패인 주름 뒤로
계곡을 만든 미망인의 눈물
지문으로 남는 내력 앞에 서서
벼랑 끝, 그 언저리
묻혀진 이름 하나

수십 년 어둠 속 묵상해 온
군화를 만지작거리며
침묵으로 다독여 온
그리움과 사랑을 쏟아내고 있었다.

바다에 가면

푸른 끝
그 위로 가만가만
맨발을 올려놓는다

잔잔한 그녀의 가슴을
예고 없이 흔드는
겁 없는 사내가 있다

무섭게 끌어안고
짠물에 절여진 고독을 향해
반란을 일으키듯 요동을 치고 나면
풀어 헤친 알몸 은갈치 비늘처럼
회색빛 위로 근심을 걷어내면

지친 어부의 어깨 너머로
꿈틀거리며 숨쉬는 생명
물새의 울음 우는 바다 위엔
그물에 파닥이는 슬픈 눈이 있다

바다는 그렇게 철석이며 또,
울음으로 출렁인다.

작약도

침묵 그리고 잔잔한 파도
그리움 물들면
해송海松 사이로
노을빛은 시를 읽는다

파도에 부딪는 아픔보다
더 큰 슬픔은
등 떠밀린 빈 소라
섬만큼이나 너는 외로울 거다

종일
수평선만 바라보고 서 있는
물새의 울음 속 파도
짠물에 절여진 고독의 노래
언제나 외로운 섬 작약도.

초대장

가슴 뛰는 꽃잎은
바위틈에 매달려
침묵으로 촘촘히 수를 놓는다

음흉한 독백으로 골짜기마다
속내 드러내고픈 꽃잎
오랜 시간 머물고 싶지만
결 무늬 바람이 잠든 사이
상수리나무 등걸 뒤로
몸을 숨긴 그녀는 속살 드러내며
분홍빛 초대장을 사알짝 내밉니다

내용인즉
구름산* 진달래 축제
당신을 초대하고 싶습니다.

*구름산: 광명시 하안동에 있음.

노 을

타다 남은 노을을
그녀의 가슴 위에 서서히 풀어 놓았다

산등성 너머
반쯤 걸터앉은 그리움은
저리도 애가 타는데

사랑을 비워 둔 채
가슴 한쪽엔 슬픔이
내버려 두어도 좋을 거라고
서둘러 따라가는 아름다운 공허

내일이면 다시 그 쓸쓸함 속에
가득가득 사랑으로 채울 수 있을까요.

바라볼 수 있는 사랑

마주선 나무 사이엔
구름이 흐르듯
강물 위엔 오늘이 흐르고 있다

노을이 강물 위에
사랑을 기다리듯
외로움이 아닌 울타리 되어
다가서고 싶다

초록 잎에 매달려
서로를 바라볼 수 있는 거리 만큼에
침묵으로 피어나는
한나절 나팔꽃이어도
가난한 슬픔이어도 그저
바라볼 수 있는 사랑이고 싶다.

목 련

계절의 터널을 지나
마을 뜨락에 지금 막
목련나무 가지 위로
꽃잎은 제 몸을 부풀리고 있다

봄 밤
가로등처럼 매달려
하얗게 불 밝히면
가지는 금세 문을 열고

목련은
주름 겹친 시간 위에
한 송이 목숨으로
아픔의 전율로 피어나고 있다.

촛불

소리 없는 흐느낌으로
어둠을 밝히는 여인이 있다

짓무르도록 눈물로 제 몸 불사르고
뜨겁게 한 밤을 밝히고
아프게 사랑을 밝히려는 그녀,

자신을 불태우며
한 마음이기를 원하는
이별 없는 슬픔으로 머물고 싶어
밤 내 울다 지친
눈물의 언어로 담아내는
온밤 뒤척이는 그녀

새벽이 오고서야 그녀의 치마폭엔
하얀 이별이 흥건하다.

친 구

새벽 안개 서서히 걷히고
풀 이파리에 매달린 이슬이
바람에 흔들리며 공중돌기로 앉는다

들꽃이 가슴앓이하듯
화려하지 않아도
누가 보아주지 않아도
혼자서 기뻐할 줄 알고
혼자서도 행복을 만드는 너,

그때그때 아무렇게나
촌스럽게 피어나도
내면이 아름다운 너,

그저 편안함을 안겨주는
마음을 두드리면
공유하며 호흡할 수 있는
들꽃 같은 너.

고 독

바람은
눈발 속을 배회하다
한 올 위안도 되지 못한 채
눈물 되어 떨어지는
하얀 파편들을 고요 속에 뿌려놓는다

꽃눈이 어둠 위로 내려오면
밤보다 고독은 더 무겁다

감당하기 힘든
뇌신경 속으로 한동안
진한 어둠이 찾아오면

고독 위에 고독이 뒤덮은
번민의 통로에서
생각은 잠시 길을 잃었다.

사랑은

사랑은
빛도 그림자도 아닌
보이지 않는 향기

사랑은
행복으로 물들게 하는
꽃잎 위에 노을

사랑은
떠날 수 없는 길

사랑하는 일보다
사랑을 지우는 일이
더 힘든 열병
사랑은 무지개인가.

그대에게

풀이면 좋겠다
이유 없이 스러지고 일어나는
거짓 없는 진실을 닮고 싶다

바다이면 좋겠다
포말이 밀려오는 바다 끝
가슴은 섬처럼 늘
기다림 되어 만나고 싶다

산이면 좋겠다
고단한 발길이 머물 수 있는
새와 바람이 몸을 쉬고
숲 속을 송두리째 내어주는
그대의 정원이고 싶다

꽃이면 참 좋겠다
가슴은 늘 그대를 위한
뜨락에 피어나는 향기.

편 지

나의 일상은
편지로 시작됩니다

한 사람을 위한 언어들이
슬픔이 되고 기쁨이 되어
당신의 이름표 위에
수없이 되새기고
이름 석 자 올려놓습니다

시간의 껍질
한 겹씩 제치면
구름에 반쯤 가린
달빛 같은
그리움의 문이 열립니다

들풀들은 종일
바람에 흔들리고
공존하는 지금

모아둔 생각을 하나 둘,
편지 속에 담습니다.

섬이 되어

생각들이 사방에서 모여 든다

짠물에 절여진 도심 속
솟아 오른 섬 꼭대기에서
한 척의 고깃배를 기다리는 주인은
지상 위의 또 다른 바다를 내려다본다

파도 위에 떠다니며 휘감아 도는
물비늘의 슬픔이 아닌
흩어졌다 만나는 시간을
차곡차곡 쌓아 올리며
일상을 움켜잡고 혼자의 섬이 아닌
그대를 위해 오늘은
고향 같은 편안한 섬이고 싶다.

■ 시평

대지적 모성성의 강한 생명력

김유선

(시인, 장안대학 문예창작과 교수)

1. 서언

이오례 시인은 늦깎이 시인이다. 40세가 넘어 자기 아들 또래의 학생들과 같이 대학 생활을 하는 만학도다. 강의에 성실한 자세를 보면 그녀의 내면 깊이 열정이 얼마나 뜨거운지를 알겠다.

시인 등단도 40세가 넘어 뒤늦었다. 아들을 대학에 보내고 뒤늦게 공부하고 시도 쓰게 된 시인이며, 시를 쓰고 싶어 못 견디는 천성의 시인이다. 백일장 등의 수상 경력도 화려하다. 시동인을 조직하여 회장직을 하면서 헌신적으로 일하고 있고, 동인사화집도 만들고 시화전도 여는 등 활동이 활발하다.

졸업을 앞두고 그동안 쓴 시를 정리하여 시집으로 묶어내는 감격 또한 각별할 것이다. 누가 읽지도 않고, 돈도 되지 않는 시에 대한 그녀의 열정은 각별하다. 대부분의 시인이 그렇듯 무조건적 사랑이다.

뒤늦게 자신의 언어를 찾은 때문일까. 다작으로 쏟아내는 그녀의 시는 전통적 서정성과 고단한 현실적 삶에 바탕하고 있다. 또한 식물적 이미지에서 출발하고 있으며 강한 생명력의 지향점을 향하고 있다. 아울러 이오례 시인에게 시는 삶의 힘이며 꽃인 것을 알 수 있다.

2. 대지적 모성성

정신분석학적 관점에서 창의성은 모성의 부재에서 출발하는 것으로 보고 있다. 프로이드는 불만족이나 충족의 결핍에서 창의성이 비롯한다고 말하고 있으며, 라캉 역시 언어는 모성적 공간에 나타나는 부재와 손실에 근거하고 있다고 보고 있다.[1] 이오례 시인의 시에서는 어

1) 『한국문학과 모성성』, 서강여성문학연구회 편, 태학사, 1998. P11.

머니가 자주 등장한다.

살아온 날의 흔적을
고스란히 등걸에 짊어진
이미 오래 전
뒤안길에 묻은
어머니의 항아리가 있었습니다

생쥐처럼 수없이 들락거리며
그 속을 갉아먹었던

가닥가닥 죄스러움이 지금도
금간 당신의 빈 항아리 앞에
부끄럽게 서 있습니다

금방이라도 깨어질 것 같은
푸석한 빈 항아리의 아픈 소리, 소리,
당신의 멍든 세월 보듬고 감싸 안으면
야윈 허리만 만져집니다

진록의 빛깔을 욕심껏 풀어내는
오월 앞에 서 있는 자신이

왜 이리 죄스럽고 부끄러운지요, 어머니.

—「어머니의 항아리」 전문

위의 시에서 시인은 어머니를 통해 자성의 시간을 갖는다. 그에게 '어머니'는 푸석해서 금방이라도 깨어질 것 같은 금이 간 항아리로 비유된다. 항아리는 흙을 모티브로 하는 대지성을 함유한다. 무엇이든 포용하고 주는 대로 받는 흙의 이미지는 곧 포용과 인내와 희생의 모성성이다. 무엇을 담는 항아리이며 담은 것을 아낌없이 꺼내주는 항아리다. 도공이 형태로 빚어내지만 그 공간이 쓰인다는 노자의 항아리다. 대지는 지구의 어머니이며 젖이며 자궁인 것이다. 시인의 모성성으로 은유된 항아리는 우리의 전통 속에 나타나는 어머니의 삶처럼 보이지 않는 곳, 그늘지고 남들이 쳐다도 안 보는 후미진 뒤안길에 묻혀 있는 항아리로 나타나고 있다. 보이지 않는 곳에 숨어서 끊임없이 자신을 내어주는 항아리. 시인의 자아는 어머니 앞에 사죄하는 시간을 통해 자성의 시간을 갖게 되는 것이며, 내면의 갈등에서 비로소 화해와 성숙의 시간 구조를 갖게 된다.

배가 볼록한 놈을 잡아들고 입속에 넣는 순간
잉어의 살갗은 어머니의 살갗처럼 쪼그라들었다

어머니, 당신의 세월도 그렇게 뜯겨져 갔겠지요
할미꽃이 피어 있는 풀섶 길로 왜 자꾸만 가려 하는지요

—「황금잉어 빵」에서

이 시 역시 비워줌의 모성성의 시다. 자기를 다 내어주는 헌신, 한국의 전통적 어머니로서의 모습이 붕어빵으로 그려지고 있다.

밭이랑에 온통
어머니의 힘든 세월이
보라 꽃으로 피어 있다

가슴에 주렁주렁
분신을 매달고 살아온
아픈 세월,
흙 위로 눈물이 스며들라치면
목마르게 피어나는 꽃이 있다

〈중략〉

그날

시골 밭머리를 지나다
어머니의 진한 눈물이 묻어나는
아리디 아린 슬픈 감자꽃을 보았다

—「감자꽃」에서

이 시에서 감자꽃과 어머니는 동일시되고 있다. 어머니는 가슴에 주렁주렁 자식을 달고 사는 존재이며, 어머니의 삶은 생감자처럼 아리고 쓴맛이다. 꽃은 어떻게 피어나는가. 꽃은 그냥 저절로 피어나는 것이 아니라, 물과 화해하고 인내함으로써 피어날 수 있는 것이다. 물과 흙의 화해가 꽃이 된다. 이 시에서 어머니의 아픈 눈물의 결정체가 꽃이다. 어머니의 아픈 세월을 먹고 꽃은 피어난다. 어머니의 허기진 시간과 어머니의 눈물이 흙과 화해함으로써 감자꽃이 피어나는 것이다. 감자꽃은 곧 대지, 흙의 결정체며, 대지의 목표며, 대지의 꿈이고 곧 어머니인 것이다. 시인의 삶에서 시는 감자꽃으로 볼 수 있겠다. 어머니가 눈물을 흙 속에 녹여서 감자꽃을 피워내는 일과 시인이 아픈 현실을 녹여 시를 이루어내는 일이 다를 바 없는 것으로 보인다. 다시 말해 그녀는 시를 통해 현실과 화해하고 화합하는 것이다.

호박의 탯줄을 할머니는

뚝, 뚝, 자른다
목구멍이 포도청이여!
잎 하나, 씨 한 알, 버릴 게 없다는
쓸모 있는 존재라며 그녀는
구부러진 밭두렁에 당당하게 서 있다.

—「호박 밭을 지나다」에서

봄이 오는 마을
토방 집 늙은 마루에
가난한 할머니의 아픔이
언덕을 넘는 봄볕에 슬프다

—「봄이 슬픈 이유」에서

옆집으로 오늘
세들어 이사 온 기러기 아빠도
단칸방에 둥지를 틀었다

노동보다 무거운 날개의 중량
훨훨 날지 못해 깃털 속으로 눈물이 고였다
그 후로 기러기 아빠는
덩그라니 빈 둥지만 지키고 있을 뿐
한 달 두 달 그리고 2년……

—「기러기 아빠」에서

시인에게 어머니와 할머니는 척박한 농촌의 기억이며 삶의 탯줄이다. 어머니와 할머니는 개체적 의미로 쓰여지는 것이 아니라 가난한 삶의 아픔이 묻어나는 동일 개념으로 그려지고 있다. 유년의 기억으로 환기되는 농촌은 어머니와 할머니와 흙이 동일 개념의 집합체로 표현되고 있다. 같은 맥락에서 '아버지' 역시 그려지고 있다. 시인에게 아버지는 모성처럼 다 내어주고 빈집을 지키는 어머니와 같은 아버지 모습이다. 주소도 없는 셋집 단칸방이 그가 지키는 빈집의 현실이다. 요즈음 우리 주변에서 유행처럼 번지는 조기 유학으로 아버지들은 빈집, 빈방을 지키는 또 다른 모성이며 대지로 볼 수 있다. 다시 말해 이 시인의 시 속에서 어머니, 할머니, 아버지, 대지는 동일 개념의 이미지군으로 표현되고 있다.

이 시인에게 흙은 생명의 모티브이며 삶의 대지적 상징으로 자주 등장한다. 뒤에 언급할 식물적 이미지들도 이와 연관이 있는 것으로 볼 수 있다.

3. 현실적 도시와 연민

시인의 현실이 도시로 옮겨오면서 시의 시점도 도시

적 현상으로 이동한다.

느티나무 한 그루가 그늘을 빌려준 자리에
반 평도 채 되지 않는 공간에서 남자는
숨을 고르며 힘든 삶을 꿰매고 있다

머리를 둘둘 말아 올린 중년의 여자가
지친 구두 한 켤레를 내민다

옆구리가 뜯겨지고 굽이 닳을 대로 닳은
거친 파도 위에 한 척의 배처럼
기우뚱거리는 구두를 받아든 남자는
주인의 직업을 점치는 듯 했다

가난한 주인을 위로하듯
세월에 지쳐 마음 저미었을
생기 없는 구두는 지금 휴식 중.

—「구두를 수선하는 남자」 전문

시인에게 도시는 삶의 고단함이 묻어나는 시장이나 길거리, 혹은 골목과 같은 후미진 공간이거나 서민들의 삶의 공간으로 나타난다. 번화한 도심, 문명의 중심지로

서의 도시가 아니라 도심에서 후미진 곳이 시의 공간이다. 후미지고 가려지고 아픔이 있는 곳에 대한 애정이야말로 시인의 마음 아니겠는가. 나무 그늘에서 구두를 수선하는 남자는 시인의 말대로 힘든 삶을 꿰매는 남자다. 구두를 수선하러 온 사람도 역시 아무렇게나 머리를 말아 올리고 옆구리가 뜯겨지고 굽도 다 닳아버린 가난한 중년 여자다. 손님이나 주인이나 생활에 지친 고단함이 묻어나는 캐릭터다.

등나무 틈새
긴 의자 위
베이지색 넥타이가
거리에 슬퍼 보이는 사람
상념에 가득 찬 얼굴로
웅크리고 앉아 있다

잎새 흔들리는 나무 아래
고개 떨군 채
옷섶에 고단한 흔적을 말리고 있다

—「가을 속에 긴 의자」에서

한참을 숨 고르고 있는

마을버스 한 대가
차선 없는 콘크리트 바닥에 반쯤 엎드려
오르막 길을 힘들게 올라가고 있다

—「그집엔」에서

기다렸다는 듯 쏜살같이 생존을 위한 독백으로
자신과의 끈질긴 집념을 향해
풀섶을 뚫고 줄지어 간다

술취한 중년 남자가
팔자 탓을 하며 휘청휘청
개미의 숫자를 세고 있다 팔, 팔, 팔.

—「개미들의 생존법에 대한 관찰」에서

시인의 시적 배경으로 나타나는 현실은 이처럼 가난하고 고단한 현실의 삶으로서 자주 나타난다. 서민적 삶에 대한 따뜻한 시선은 전철 안에서 노래하는 맹인 부부, 구두 수선공, 노점상 아저씨 아줌마, 노숙자, 술취한 남자 등 우리 주변에서 자주 부딪치는 인물들을 연민으로 그려내고 있다. 넥타이를 매고 있어도 슬퍼 보이는 사람, 고개를 떨군 남자가 시인이 그려내는 인물이다. 위에서 잠깐 언급하였듯이 문화적 공간으로서의 도시,

현대문명 속에서 문명을 누리는 바쁜 도시인이 아니라 도시 주변의 공간이 시의 공간이며 그 속에 언더 그라운드적 인물이 그려지고 있는 것이다. 풍요로운 도시인이 아니라 가난에 지친 서민을 시의 인물로 끌어온다. 개미는 이러한 서민적 삶의 표상이다. 개미들의 삶도 나름대로 생존법이며 자기 집념의 길이다. 술 취한 남자와 개미의 등식을 통해 시인은 이 시대 중심인물이 아니라 주변 인물들에 대한 실존적 의미를 말하고 있다.

이러한 서민적 삶의 연민과 따뜻한 시점이 이 시인이 시를 쓰게 만드는 또 하나의 힘임을 알 수 있다.

4. 식물적 상상력

이오레 시인의 또 다른 축은 풀이나 꽃 등 식물적 상상력에 바탕하고 있다.

시멘트 담벽을
조심조심 기어오른다

숨차도록 가슴 여민
정상 그쯤에 벽 붙잡고
긴 손을 휘휘 저으며

흘림체 걸음으로 걸러온 그녀
지친 담장 위에 걸터앉았다

119 한 대가 울면서 지나간다
사람 살려요
수혈이 필요해요
여인의 목소리가 급하게 땅으로 떨어진다

오월은
그녀의 수혈로 흥건하다.

—「장미」 전문

그녀의 식물적 이미지는 우리 주변의 꽃이나 농촌 들판에서 흔히 볼 수 있는 들풀들이 대체로 함축적인 서정으로 표현되고 있다. 그러나 이 시의 장미는 아름답고 한가로운 공간에 향기롭게 피어난 장미가 아니라 불안과 고단함으로 피어난 장미다. 현대 문명의 담 벽이며, 서민들의 담벽으로 공간 설정이 되고 있으며 '숨차도록', '지친 담장' 같은 표현에서 알 수 있듯이 숨가쁜 현실이며 지친 현실이다. 또한 장미꽃은 꽃이 아니라, 생사를 좌우하는 생명성으로의 피다. '119 한 대가 울면서 지나간다/ 사람 살려요/ 수혈이 필요해요' 에서처럼 현실은 위기의 순간이다. 불안하고 위기로 가득한 현대사회가 잘 드러나고 있는 함축적인 시다.

금 간 벽 한 켠은
아직도 보수 중

—「담쟁이넝쿨」에서

허리춤 힘든 세월
보듬고 살았을
나이테 휘휘 두르고
솔숲에 서 있으면

—「소나무 명상」에서

등의 시들에서도 그의 식물적 이미지는 금이 간 현실이며, 보수중인 현실로 허리춤 힘겨운 고단함의 현실 공간에서 살아남아야 하는 식물들로 표출되고 있다.

혼탁한 수면 위로
반쯤 몸을 드러낸
도도히 서 있는 여인이 있다

아픔 밀어내며

오랜 인내 가슴 저미었을
물고기들의 힘든 산란기처럼
작은 연못 붙잡고
몇 날을 그렇게 앓았을 것이다

—「가시연」에서

위의 시는 산고의 아픔을 잘 드러내고 있는 시다. 혼탁한 현실에 절망하지 않고 강한 생명력을 보여주는 시다. 인내와 고통 뒤에 고고한 꽃을 피워내는 삶의 진실이 잘 드러나고 있다.

이오례 시인은 이제 막 출발하는 시인이다. 가능성을 더 많이 지닌 시인이다. 이번 시집에서 보여주듯이 전통적 서정성의 시세계와 고단하고 지친 서민의 현실적 삶을 그려내고 있는 그녀의 시는 후자에서 더 성공적인 방향으로 흐르고 있다. 아픈 현실은 강한 대지적 모성의 힘으로 극복되고 있으며 아낌없이 꺼내주는 모성의 힘으로 생명력을 얻고 있다.

앞으로 그녀의 시세계는 시간이 지날수록 더 견고해지는 시멘트 담벽처럼 단단해지리라. 그 담벽을 기어오르는 담장이나 장미처럼 질기고 강한 생명력을 가지리라. 끊임없이 변모하는 그녀에게 박수를 보낸다. 좌절하지 않고 도도하게 꽃을 피워내는 가시연처럼 시인도 그렇게 시의 꽃을 피워낼 것이다. 흙과 물의 화합으로 꽃이 피듯이 시인은 시와 현실의 눈물을 화합시켜 좋은 시를 피워낼 것이다. 그녀가 어떠한 시세계로 가든 그동안 갈고 닦아온 시인의 시밭은 거름지다. 따라서 그 힘으로 풍성한 꽃을 피우리라 믿어 의심치 않는다. 첫 시집 발간에 축하를 보낸다.

봄이 슬픈 이유

글쓴이 / 이오례
펴낸이 / 孫貞順
펴낸곳 / 모아드림

1판 1쇄 / 2007년 1월 25일

서울 서대문구 북아현3동 1-1278
전화 / 365-8111~2
팩시밀리 / 365-8110
E-mail / morebook@morebook.co.kr
http://www.morebook.co.kr
등록번호 / 제2-2264호(1996.10.24)

ISBN 89-5664-099-8

값 6,000원

이오례 시인은 이제 막 출발하는 시인이다. 가능성을 더 많이 지닌 시인이다. 이번 시집에서 보여주듯이 전통적 서정성의 시세계와 고단하고 지친 서민의 현실적 삶을 그려내고 있는 그녀의 시는 후자에서 더 성공적인 방향으로 흐르고 있다. 아픈 현실은 강한 대지적 모성의 힘으로 극복되고 있으며 아낌없이 꺼내주는 모성의 힘으로 생명력을 얻고 있다.

앞으로 그녀의 시세계는 시간이 지날수록 더 견고해지는 시멘트 담 벽처럼 단단해지리라. 그 담 벽을 기어오르는 담장이나 장미처럼 질기고 강한 생명력을 가지리라. 끊임없이 변모하는 그녀에게 박수를 보낸다.

— 김유선 (시인, 장안대 교수)

값 6,000원 www.morebook.co.kr
ISBN 89-5664-099-8